2020 München / Ecuador
Kalenderverlag Neuhausen

2020

2020

Januar

M	D	M	D	F	S	S
		1	2	3	4	5
6	7	8	9	10	11	12
13	14	15	16	17	18	19
20	21	22	23	24	25	26
27	28	29	30	31		

Februar

M	D	M	D	F	S	S
					1	2
3	4	5	6	7	8	9
10	11	12	13	14	15	16
17	18	19	20	21	22	23
24	25	26	27	28	29	

März

M	D	M	D	F	S	S
						1
2	3	4	5	6	7	8
9	10	11	12	13	14	15
16	17	18	19	20	21	22
23	24	25	26	27	28	29
30	31					

April

M	D	M	D	F	S	S
		1	2	3	4	5
6	7	8	9	10	11	12
13	14	15	16	17	18	19
20	21	22	23	24	25	26
27	28	29	30			

Mai

M	D	M	D	F	S	S
				1	2	3
4	5	6	7	8	9	10
11	12	13	14	15	16	17
18	19	20	21	22	23	24
25	26	27	28	29	30	31

Juni

M	D	M	D	F	S	S
1	2	3	4	5	6	7
8	9	10	11	12	13	14
15	16	17	18	19	20	21
22	23	24	25	26	27	28
29	30					

Juli

M	D	M	D	F	S	S
		1	2	3	4	5
6	7	8	9	10	11	12
13	14	15	16	17	18	19
20	21	22	23	24	25	26
27	28	29	30	31		

August

M	D	M	D	F	S	S
					1	2
3	4	5	6	7	8	9
10	11	12	13	14	15	16
17	18	19	20	21	22	23
24	25	26	27	28	29	30
31						

September

M	D	M	D	F	S	S
	1	2	3	4	5	6
7	8	9	10	11	12	13
14	15	16	17	18	19	20
21	22	23	24	25	26	27
28	29	30				

Oktober

M	D	M	D	F	S	S
			1	2	3	4
5	6	7	8	9	10	11
12	13	14	15	16	17	18
19	20	21	22	23	24	25
26	27	28	29	30	31	

November

M	D	M	D	F	S	S
						1
2	3	4	5	6	7	8
9	10	11	12	13	14	15
16	17	18	19	20	21	22
23	24	25	26	27	28	29
30						

Dezember

M	D	M	D	F	S	S
	1	2	3	4	5	6
7	8	9	10	11	12	13
14	15	16	17	18	19	20
21	22	23	24	25	26	27
28	29	30	31			

Dezember

Woche 1   30.12.2019 - 05.01.2020

○ 30. MONTAG

○ 31. DIENSTAG

○ 1. MITTWOCH

Neujahr

○ 2. DONNERSTAG

○ 3. FREITAG

○ 4. SAMSTAG

○ 5. SONNTAG

NOTIZEN

Januar

Woche 2   06.01.2020 - 12.01.2020

○ 6. MONTAG

Heilige Drei Könige

○ 7. DIENSTAG

○ 8. MITTWOCH

○ 9. DONNERSTAG

○ 10. FREITAG

○ 11. SAMSTAG

○ 12. SONNTAG

NOTIZEN

Januar

Woche 3   13.01.2020 - 19.01.2020

○ 13. MONTAG

○ 14. DIENSTAG

○ 15. MITTWOCH

○ 16. DONNERSTAG

○ 17. FREITAG

○ 18. SAMSTAG

○ 19. SONNTAG

NOTIZEN

Januar

Woche 4   20.01.2020 - 26.01.2020

○ 20. MONTAG

○ 21. DIENSTAG

○ 22. MITTWOCH

○ 23. DONNERSTAG

○ 24. FREITAG

○ 25. SAMSTAG

○ 26. SONNTAG

NOTIZEN

Januar

Woche 5

27.01.2020 - 02.02.2020

○ 27. MONTAG

○ 28. DIENSTAG

○ 29. MITTWOCH

○ 30. DONNERSTAG

○ 31. FREITAG

○ 1. SAMSTAG

○ 2. SONNTAG

NOTIZEN

Februar

Woche 6   03.02.2020 - 09.02.2020

○ 3. MONTAG

○ 4. DIENSTAG

○ 5. MITTWOCH

○ 6. DONNERSTAG

○ 7. FREITAG

○ 8. SAMSTAG

○ 9. SONNTAG

NOTIZEN

Februar

Woche 7 10.02.2020 - 16.02.2020

○ 10. MONTAG

○ 11. DIENSTAG

○ 12. MITTWOCH

○ 13. DONNERSTAG

○ 14. FREITAG

○ 15. SAMSTAG

○ 16. SONNTAG

NOTIZEN

Februar

Woche 8 17.02.2020 - 23.02.2020

○ 17. MONTAG

○ 18. DIENSTAG

○ 19. MITTWOCH

○ 20. DONNERSTAG

○ 21. FREITAG

○ 22. SAMSTAG

○ 23. SONNTAG

NOTIZEN

Februar

Woche 9   24.02.2020 - 01.03.2020

○ 24. MONTAG

○ 25. DIENSTAG

○ 26. MITTWOCH

○ 27. DONNERSTAG

○ 28. FREITAG

○ 29. SAMSTAG

○ 1. SONNTAG

NOTIZEN

März

Woche 10   02.03.2020 - 08.03.2020

○ 2. MONTAG

○ 3. DIENSTAG

○ 4. MITTWOCH

○ 5. DONNERSTAG

◯ 6. FREITAG

◯ 7. SAMSTAG

◯ 8. SONNTAG

NOTIZEN

März

Woche 11   09.03.2020 - 15.03.2020

○ 9. MONTAG

○ 10. DIENSTAG

○ 11. MITTWOCH

○ 12. DONNERSTAG

○ 13. FREITAG

○ 14. SAMSTAG

○ 15. SONNTAG

NOTIZEN

März

Woche 12					16.03.2020 - 22.03.2020

○ 16. MONTAG

○ 17. DIENSTAG

○ 18. MITTWOCH

○ 19. DONNERSTAG

○ 20. FREITAG

○ 21. SAMSTAG

○ 22. SONNTAG

NOTIZEN

März

Woche 13

23.03.2020 - 29.03.2020

○ 23. MONTAG

○ 24. DIENSTAG

○ 25. MITTWOCH

○ 26. DONNERSTAG

○ 27. FREITAG

○ 28. SAMSTAG

○ 29. SONNTAG

NOTIZEN

März

Woche 14

30.03.2020 - 05.04.2020

○ 30. MONTAG

○ 31. DIENSTAG

○ 1. MITTWOCH

○ 2. DONNERSTAG

○ 3. FREITAG

○ 4. SAMSTAG

○ 5. SONNTAG

NOTIZEN

April
Woche 15 06.04.2020 - 12.04.2020

○ 6. MONTAG

○ 7. DIENSTAG

○ 8. MITTWOCH

○ 9. DONNERSTAG

○ **10. FREITAG**

Karfreitag

○ **11. SAMSTAG**

○ **12. SONNTAG**

Ostersonntag

NOTIZEN

April
Woche 16   13.04.2020 - 19.04.2020

○ 13. MONTAG

Ostermontag

○ 14. DIENSTAG

○ 15. MITTWOCH

○ 16. DONNERSTAG

○ 17. FREITAG

○ 18. SAMSTAG

○ 19. SONNTAG

NOTIZEN

April
Woche 17   20.04.2020 - 26.04.2020

○ 20. MONTAG

○ 21. DIENSTAG

○ 22. MITTWOCH

○ 23. DONNERSTAG

○ 24. FREITAG

○ 25. SAMSTAG

○ 26. SONNTAG

NOTIZEN

April
Woche 18   27.04.2020 - 03.05.2020

○ 27. MONTAG

○ 28. DIENSTAG

○ 29. MITTWOCH

○ 30. DONNERSTAG

◯ **1. FREITAG**
   Tag der Arbeit

◯ **2. SAMSTAG**

◯ **3. SONNTAG**

NOTIZEN

Mai
Woche 19   04.05.2020 - 10.05.2020

○ 4. MONTAG

○ 5. DIENSTAG

○ 6. MITTWOCH

○ 7. DONNERSTAG

○ 8. FREITAG

○ 9. SAMSTAG

○ 10. SONNTAG

NOTIZEN

Mai

Woche 20   11.05.2020 - 17.05.2020

○ 11. MONTAG

○ 12. DIENSTAG

○ 13. MITTWOCH

○ 14. DONNERSTAG

○ 15. FREITAG

○ 16. SAMSTAG

○ 17. SONNTAG

NOTIZEN

Mai

Woche 21  18.05.2020 - 24.05.2020

○ 18. MONTAG

○ 19. DIENSTAG

○ 20. MITTWOCH

○ 21. DONNERSTAG

Christi Himmelfahrt

○ 22. FREITAG

○ 23. SAMSTAG

○ 24. SONNTAG

NOTIZEN

Mai

Woche 22　　　　　　　　　　　　25.05.2020 - 31.05.2020

○ 25. MONTAG

○ 26. DIENSTAG

○ 27. MITTWOCH

○ 28. DONNERSTAG

○ 29. FREITAG

○ 30. SAMSTAG

○ 31. SONNTAG

Pfingstsonntag

NOTIZEN

Juni

Woche 23

01.06.2020 - 07.06.2020

○ 1. MONTAG

    Pfingstmontag

○ 2. DIENSTAG

○ 3. MITTWOCH

○ 4. DONNERSTAG

○ 5. FREITAG

○ 6. SAMSTAG

○ 7. SONNTAG

NOTIZEN

Juni

Woche 24 08.06.2020 - 14.06.2020

○ 8. MONTAG

○ 9. DIENSTAG

○ 10. MITTWOCH

○ 11. DONNERSTAG
   Fronleichnam

○ 12. FREITAG

○ 13. SAMSTAG

○ 14. SONNTAG

NOTIZEN

Juni

Woche 25

15.06.2020 - 21.06.2020

○ 15. MONTAG

○ 16. DIENSTAG

○ 17. MITTWOCH

○ 18. DONNERSTAG

○ 19. FREITAG

○ 20. SAMSTAG

○ 21. SONNTAG

NOTIZEN

Juni

Woche 26   22.06.2020 - 28.06.2020

○ 22. MONTAG

○ 23. DIENSTAG

○ 24. MITTWOCH

○ 25. DONNERSTAG

○ 26. FREITAG

○ 27. SAMSTAG

○ 28. SONNTAG

NOTIZEN

Juni
Woche 27	29.06.2020 - 05.07.2020

○ 29. MONTAG

○ 30. DIENSTAG

○ 1. MITTWOCH

○ 2. DONNERSTAG

○ 3. FREITAG

○ 4. SAMSTAG

○ 5. SONNTAG

NOTIZEN

Juli

Woche 28   06.07.2020 - 12.07.2020

○ 6. MONTAG

○ 7. DIENSTAG

○ 8. MITTWOCH

○ 9. DONNERSTAG

○ 10. FREITAG

○ 11. SAMSTAG

○ 12. SONNTAG

NOTIZEN

Juli

Woche 29 13.07.2020 - 19.07.2020

○ 13. MONTAG

○ 14. DIENSTAG

○ 15. MITTWOCH

○ 16. DONNERSTAG

○ 17. FREITAG

○ 18. SAMSTAG

○ 19. SONNTAG

NOTIZEN

Juli

Woche 30

20.07.2020 - 26.07.2020

○ 20. MONTAG

○ 21. DIENSTAG

○ 22. MITTWOCH

○ 23. DONNERSTAG

○ 24. FREITAG

○ 25. SAMSTAG

○ 26. SONNTAG

NOTIZEN

Juli

Woche 31   27.07.2020 - 02.08.2020

○ 27. MONTAG

○ 28. DIENSTAG

○ 29. MITTWOCH

○ 30. DONNERSTAG

◯ 31. FREITAG

◯ 1. SAMSTAG

◯ 2. SONNTAG

NOTIZEN

August

Woche 32

03.08.2020 - 09.08.2020

○ 3. MONTAG

○ 4. DIENSTAG

○ 5. MITTWOCH

○ 6. DONNERSTAG

○ 7. FREITAG

○ 8. SAMSTAG

○ 9. SONNTAG

NOTIZEN

August
Woche 33   10.08.2020 - 16.08.2020

○ 10. MONTAG

○ 11. DIENSTAG

○ 12. MITTWOCH

○ 13. DONNERSTAG

○ 14. FREITAG

○ 15. SAMSTAG

Mariä Himmelfahrt

○ 16. SONNTAG

NOTIZEN

August
Woche 34

17.08.2020 - 23.08.2020

○ 17. MONTAG

○ 18. DIENSTAG

○ 19. MITTWOCH

○ 20. DONNERSTAG

○ 21. FREITAG

○ 22. SAMSTAG

○ 23. SONNTAG

NOTIZEN

August
Woche 35 24.08.2020 - 30.08.2020

○ 24. MONTAG

○ 25. DIENSTAG

○ 26. MITTWOCH

○ 27. DONNERSTAG

○ 28. FREITAG

○ 29. SAMSTAG

○ 30. SONNTAG

NOTIZEN

August

Woche 36

31.08.2020 - 06.09.2020

○ 31. MONTAG

○ 1. DIENSTAG

○ 2. MITTWOCH

○ 3. DONNERSTAG

○ 4. FREITAG

○ 5. SAMSTAG

○ 6. SONNTAG

NOTIZEN

September

Woche 37

07.09.2020 - 13.09.2020

○ 7. MONTAG

○ 8. DIENSTAG

○ 9. MITTWOCH

○ 10. DONNERSTAG

○ 11. FREITAG

○ 12. SAMSTAG

○ 13. SONNTAG

NOTIZEN

September

Woche 38

14.09.2020 - 20.09.2020

○ 14. MONTAG

○ 15. DIENSTAG

○ 16. MITTWOCH

○ 17. DONNERSTAG

○ 18. FREITAG

○ 19. SAMSTAG

○ 20. SONNTAG

NOTIZEN

September

Woche 39								21.09.2020 - 27.09.2020

○ 21. MONTAG

○ 22. DIENSTAG

○ 23. MITTWOCH

○ 24. DONNERSTAG

○ 25. FREITAG

○ 26. SAMSTAG

○ 27. SONNTAG

NOTIZEN

September

Woche 40

28.09.2020 - 04.10.2020

○ 28. MONTAG

○ 29. DIENSTAG

○ 30. MITTWOCH

○ 1. DONNERSTAG

◯ 2. FREITAG

◯ 3. SAMSTAG

Tag der Deutschen Einheit

◯ 4. SONNTAG

NOTIZEN

Oktober

Woche 41	05.10.2020 - 11.10.2020

○ 5. MONTAG

○ 6. DIENSTAG

○ 7. MITTWOCH

○ 8. DONNERSTAG

○ 9. FREITAG

○ 10. SAMSTAG

○ 11. SONNTAG

NOTIZEN

Oktober

Woche 42   12.10.2020 - 18.10.2020

○ 12. MONTAG

○ 13. DIENSTAG

○ 14. MITTWOCH

○ 15. DONNERSTAG

○ 16. FREITAG

○ 17. SAMSTAG

○ 18. SONNTAG

NOTIZEN

Oktober

Woche 43   19.10.2020 - 25.10.2020

○ 19. MONTAG

○ 20. DIENSTAG

○ 21. MITTWOCH

○ 22. DONNERSTAG

○ 23. FREITAG

○ 24. SAMSTAG

○ 25. SONNTAG

NOTIZEN

Oktober

Woche 44   26.10.2020 - 01.11.2020

○ 26. MONTAG

○ 27. DIENSTAG

○ 28. MITTWOCH

○ 29. DONNERSTAG

○ **30. FREITAG**

○ **31. SAMSTAG**

Reformationstag

○ **1. SONNTAG**

Allerheiligen

NOTIZEN

November

Woche 45 02.11.2020 - 08.11.2020

○ 2. MONTAG

○ 3. DIENSTAG

○ 4. MITTWOCH

○ 5. DONNERSTAG

○ 6. FREITAG

○ 7. SAMSTAG

○ 8. SONNTAG

NOTIZEN

November

Woche 46   09.11.2020 - 15.11.2020

○ 9. MONTAG

○ 10. DIENSTAG

○ 11. MITTWOCH

○ 12. DONNERSTAG

○ 13. FREITAG

○ 14. SAMSTAG

○ 15. SONNTAG

NOTIZEN

November

Woche 47   16.11.2020 - 22.11.2020

○ 16. MONTAG

○ 17. DIENSTAG

○ 18. MITTWOCH
    Buß- und Bettag

○ 19. DONNERSTAG

○ 20. FREITAG

○ 21. SAMSTAG

○ 22. SONNTAG

NOTIZEN

November

Woche 48 23.11.2020 - 29.11.2020

○ 23. MONTAG

○ 24. DIENSTAG

○ 25. MITTWOCH

○ 26. DONNERSTAG

○ 27. FREITAG

○ 28. SAMSTAG

○ 29. SONNTAG

NOTIZEN

November

Woche 49

30.11.2020 - 06.12.2020

○ 30. MONTAG

○ 1. DIENSTAG

○ 2. MITTWOCH

○ 3. DONNERSTAG

○ 4. FREITAG

○ 5. SAMSTAG

○ 6. SONNTAG

NOTIZEN

Dezember

Woche 50   07.12.2020 - 13.12.2020

○ 7. MONTAG

○ 8. DIENSTAG

○ 9. MITTWOCH

○ 10. DONNERSTAG

○ 11. FREITAG

○ 12. SAMSTAG

○ 13. SONNTAG

NOTIZEN

Dezember

Woche 51   14.12.2020 - 20.12.2020

○ 14. MONTAG

○ 15. DIENSTAG

○ 16. MITTWOCH

○ 17. DONNERSTAG

○ 18. FREITAG

○ 19. SAMSTAG

○ 20. SONNTAG

NOTIZEN

Dezember

Woche 52

21.12.2020 - 27.12.2020

○ 21. MONTAG

○ 22. DIENSTAG

○ 23. MITTWOCH

○ 24. DONNERSTAG

◯ **25. FREITAG**

    1. Weihnachtstag

◯ **26. SAMSTAG**

    2. Weihnachtstag

◯ **27. SONNTAG**

NOTIZEN

Dezember

Woche 53   28.12.2020 - 03.01.2021

○ 28. MONTAG

○ 29. DIENSTAG

○ 30. MITTWOCH

○ 31. DONNERSTAG

○ **1. FREITAG**
   Neujahr

○ **2. SAMSTAG**

○ **3. SONNTAG**

NOTIZEN

www.ingramcontent.com/pod-product-compliance
Lightning Source LLC
Chambersburg PA
CBHW021446210526
45463CB00002B/649